I LOVE TO SLEEP IN MY OWN BED

ME ENCANTA DORMIR EN MI PROPIA CAMA

I LOVE TO...
ME ENCANTA...

I LOVE TO KEEP MY ROOM CLEAN

ME GUSTA TENER MI HABITACIÓN LIMPIA

I LOVE TO BRUSH MY TEETH

ME ENCANTA LAVARME LOS DIENTES

www.kidkiddos.com
Copyright©2014 by S.A.Publishing ©2017 by KidKiddos Books Ltd.
support@kidkiddos.com

All rights reserved. No part of this book may be reproduced in any form or by any electronic or mechanical means, including information storage and retrieval systems, without written permission from the publisher or author, except in the case of a reviewer, who may quote brief passages embodied in critical articles or in a review.
First edition, 2019

Translated from English by Laura Bastons Compta and A. S. Belyaev

Library and Archives Canada Cataloguing in Publication
I love to... Bedtime Collection (Spanish Bilingual Edition)/ Shelley Admont
ISBN: 978-1-5259-1978-7 paperback
ISBN: 978-1-5259-1979-4 hardcover

Please note that the Spanish and English versions of the story have been written to be as close as possible. However, in some cases they differ in order to accommodate nuances and fluidity of each language.

Jimmy, a little bunny, lived with his family in the forest. He lived in a beautiful house with his mom, dad, and two older brothers.

Jimmy, el pequeño conejito, vivía con su familia en el bosque. Vivía en una preciosa casa con su madre, su padre y sus dos hermanos mayores.

Jimmy didn't like to sleep in his own bed. One night, he brushed his teeth and before going to bed, he asked his mom, "Mom, can I sleep in your bed with you? I really don't like sleeping in my bed alone."

A Jimmy no le gustaba dormir en su propia cama. Una noche, antes de acostarse, le preguntó a su madre:
— ¿Mamá, puedo dormir contigo? No me gusta dormir sólo en mi cama.

"Sweetie," said Mom, "everyone has his own bed, and your bed suits you just right."

— Cariño, — dijo su mamá — cada uno tiene su propia cama y la tuya es perfecta para ti.

"But, Mom, I don't like my bed at all," answered Jimmy. "I want to sleep in your bed."

— Pero mamá, no me gusta nada mi cama, — respondió Jimmy— . Yo quiero dormir contigo.

"Let's do this," said Mom, "you get into your bed, and I'll hug you, tuck you in, and read you and your brothers a story. Then, I'll give you a kiss and sit with you until you fall asleep."

—*Vamos a hacer esto,* — *dijo mamá*— . *Te vas a poner en tu cama y te voy a abrazar, a tapar y os voy a leer un cuento a ti y a tus hermanos.*

Después, te daré un beso y me quedaré junto a ti hasta que te duermas.

"Okay," agreed Jimmy, and he gave his mom a kiss.

— *Vale,* — *aceptó Jimmy, y le dio un beso a su madre.*

Mom hugged Jimmy and read a bedtime story to her three children. During the story, the children fell asleep.

Mamá abrazó a Jimmy y leyó un cuento a sus tres hijos. Durante el cuento los niños cayeron dormidos.

Mom gave all of them a goodnight kiss and went to sleep in her bed in her room.

Mamá les dio un beso de buenas noches a todos y se fue a dormir a su habitación.

In the middle of the night, Jimmy woke up. He sat up in bed, looked around, and saw that Mom wasn't next to him.

A mitad de la noche Jimmy se despertó, se sentó en la cama, miró a su alrededor y vio que su madre no estaba con él.

Then, he got out of bed, took his pillow and blanket, and sneaked quietly into Mom and Dad's room. He got into their bed, hugged Mom, and fell asleep.

Entonces, se levantó de la cama, cogió su cojín y su manta, y entró sigilosamente en la habitación de sus padres. Se puso en su cama, abrazó a su madre y se durmió.

They slept like that the whole night until the morning.

Durmieron así toda la noche hasta la mañana siguiente.

The next night, Jimmy woke up again. He took his pillow and blanket, and tried to leave the room like the night before.

La noche siguiente, Jimmy se despertó otra vez, cogió su cojín y su manta e intentó abandonar la habitación como en la noche anterior.

But just then, his middle brother woke up.

Pero después, su hermano mediano se despertó.

"Jimmy, where are you going?" he asked.
— ¿Jimmy, a dónde vas? — preguntó.

"Ah, ahh...," Jimmy stuttered, "nowhere. Go back to sleep."

— Ah! Ah! — Jimmy balbuceó— a ningún sitio. ¡Vuelve a la cama!

He quickly ran to his mom and dad's room. He sneaked into their bed and pretended to sleep.

Él rápidamente corrió a la habitación de sus padres, se escabulló en su cama y fingió dormir.

But his middle brother was wide awake.

Pero su hermano mediano estaba completamente despierto.

When he discovered that Jimmy was sleeping in their mom and dad's bed, he was very upset.

Cuando descubrió que Jimmy estaba durmiendo en la cama de sus padres se enfadó.

So that's the way it is, is it? he thought. If Jimmy is allowed, then I want to also.

"¿Así que eso funciona así, no?", pensó. "Si a Jimmy le permiten hacer eso, yo también lo quiero".

With that, he got into their parents' bed as well!

Así que, ¡él también se metió en la cama de sus padres!

Mom heard the strange noises, opened her eyes, and saw the two children in bed. She made room for them in the bed, by making do with a small corner of the bed for herself.

Mamá oyó sonidos extraños, abrió los ojos y vio a sus dos hijos en su cama. Les hizo un hueco en la cama arrimándose a un pequeño rincón.

Again, they slept like that the whole night until the morning.

Otra vez, durmieron así toda la noche hasta la mañana siguiente.

On the third night, the same thing happened. Jimmy woke up, took his pillow and blanket, and went to his parents' room.

La tercera noche pasó lo mismo. Jimmy se despertó, cogió su cojín y su manta y fue a la habitación de sus padres.

But this time, the oldest brother also woke up.
Pero esta vez el hermano mayor también se despertó.

Something's not right here, he thought to himself and followed his two younger brothers to Mom and Dad's room.

"Algo no está bien aquí" pensó, y siguió a sus dos hermanos pequeños hacia la habitación de sus padres.

When he saw his two brothers sleeping together with Mom and Dad, he was very jealous.

Cuando el hermano mayor vio a sus dos hermanos durmiendo junto a su mamá y su papá se puso muy celoso.

I also want to sleep in Mom and Dad's bed, he thought and quietly jumped into the bed.

"Yo también quiero dormir en la cama de mamá y papá," pensó, y silenciosamente se puso en su cama.

It was really uncomfortable. Mom and Dad didn't rest the whole night. Tossing and turning, they tried to find the most comfortable way to sleep.

Fue muy incómodo para ellos, mamá y papá no durmieron bien en toda la noche. Dando una y otra vez vueltas en la cama intentaban encontrar el mejor modo de dormir.

It wasn't easy for the little bunnies either. They turned over and over in the bed until it was almost morning.

No fue fácil para los pequeños conejitos tampoco. Ellos también giraban una y otra vez en la cama intentando encontrar una posición cómoda hasta que amaneció.

Then suddenly...Boom! ...Bang! ...the bed broke!

Después, de golpe... ¡boom! ...¡bang! ...¡la cama se rompió!

"What happened?" Jimmy shouted as he woke up right away.

— ¿Qué pasó? — gritó Jimmy cuando se despertó de golpe.

"What are we going to do now?" said Mom sadly.

— ¿Qué vamos a hacer ahora? — dijo la mamá triste.

"We'll have to build a new bed," Dad announced. "After breakfast, we'll go to the forest and start working."

— *Tendremos que construir una cama nueva,* — *respondió el papá*—. *Después del desayuno, iremos al bosque y empezaremos a trabajar.*

After breakfast, the whole family went to the forest to build a new bed.

Después de desayunar toda la familia se fue al bosque y empezó a construir una nueva cama.

After a whole day's work, they had made a big, strong bed out of wood. The only thing left to do was decorate it.

Después de estar trabajando todo el día habían hecho una cama de madera grande y fuerte. La única cosa que faltaba era decorarla.

"We've decided to paint our bed brown," said Mom, "and while we're painting our bed, you can repaint your beds whatever colors you like."

—*Hemos decidido pintarla de marrón, —dijo mamá—, y vosotros hijos podéis escoger el color que queréis para pintar vuestras camas.*

"I want blue," said the oldest brother with excitement and ran to paint his bed blue.

— *Yo la quiero azul* — *dijo el hermano mayor con entusiasmo y corrió a pintar su cama de color azul.*

"And I choose the color green," said the middle brother happily.

— *Y yo escojo el color verde,* — *respondió el hermano mediano contento.*

Jimmy took the color red and the color yellow. He mixed the red with the yellow and made his favorite color…orange!

Jimmy escogió el color rojo y el color amarillo. Mezcló el rojo con el amarillo e hizo su color favorito… ¡el naranja!

He painted his bed orange and decorated it with red and yellow stars.

Pintó su cama de naranja y la decoró con estrellas rojas y amarillas.

After he finished, he ran to Mom and proudly shouted, "Mom, look at my beautiful bed! I love my bed so much. I want to sleep in it every night."

Cuando terminó de pintar su cama corrió hacia su mamá y le gritó orgulloso:
—¡Mamá, mira mi cama qué bonita! Me encanta. Quiero dormir en ella cada noche.

Mom smiled and gave Jimmy a big hug.

La mamá sonrió y le dio a Jimmy un abrazo muy fuerte.

Goodnight, Jimmy!
¡Buenas noches Jimmy!

Morning came and the sun was shining in the faraway forest. There, in a small house, lived little bunny Jimmy, with his parents and two older brothers.

Llegó la mañana y el sol brillaba en el bosque lejano. Allí, en una casa pequeña, vivía el pequeño conejito Jimmy, con sus padres y sus dos hermanos mayores.

Mom came into the room that Jimmy shared with his brothers.

Mamá entró a la habitación que Jimmy compartía con sus hermanos.

First she kissed the oldest brother, who slept peacefully in his blue bed. Next she gave a kiss to the middle brother, who was still sleeping in his green bed.

Primero besó al hermano mayor, quien dormía plácidamente en su cama azul, y después le dio un beso al hermano del medio, que todavía dormía en su cama verde.

Finally, Mom went to Jimmy's orange bed, and gave him a kiss.

Finalmente, mamá fue a la cama naranja de Jimmy y le dio un beso.

"Good morning, children," said Mom. "It's time to rise."
—¡Buenos días, niños!—dijo mamá—. Es hora de levantarse.

Getting out of bed, the oldest brother made his way to the bathroom.

Tras levantarse de la cama, el hermano mayor se fue al baño.

"Wow!" he shouted, "I have a brand-new toothbrush! It's blue, my favorite color. Thank you, Mom." He started to brush his teeth.

—¡Guau! —gritó—. ¡Tengo un cepillo de dientes nuevo! Es azul, mi color favorito. ¡Gracias, mamá! Y empezó a cepillarse los dientes.

The middle brother followed him. "I have a new toothbrush as well, and mine's green!" he exclaimed and also began to brush his teeth.

El hermano del medio lo siguió.
—¡Yo también tengo un cepillo de dientes nuevo y el mío es verde! —exclamó, mientras también empezaba a cepillarse los dientes.

Jimmy got out of bed and walked slowly towards the bathroom. *Why even bother brushing my teeth?* he thought. *My teeth are fine as they are.*

Jimmy se levantó de la cama y caminó lentamente hacia el baño. "¿Por qué molestarme en cepillarme los dientes?" pensó. "Mis dientes están bien como están."

"Look, Jimmy," said his oldest brother, "you have a new toothbrush too. It's orange like your bed."

—*Mira, Jimmy —dijo su hermano mayor—. Tú también tienes un cepillo de dientes nuevo. Es naranja como tu cama.*

"So I have a new toothbrush, big deal." Jimmy stood in front of the mirror, but he still didn't start brushing his teeth.

—*Así que tengo un nuevo cepillo de dientes, ¡gran cosa!—. Jimmy se detuvo frente al espejo, pero aún así no empezó a cepillarse los dientes.*

"Kids, hurry up! Breakfast is almost ready," they heard their mother's soft voice. "Has everyone finished brushing their teeth?"

—Chicos, ¡daros prisa! El desayuno está casi listo —oyeron que decía suavemente su madre—. ¿Habéis terminado todos de cepillaros los dientes?

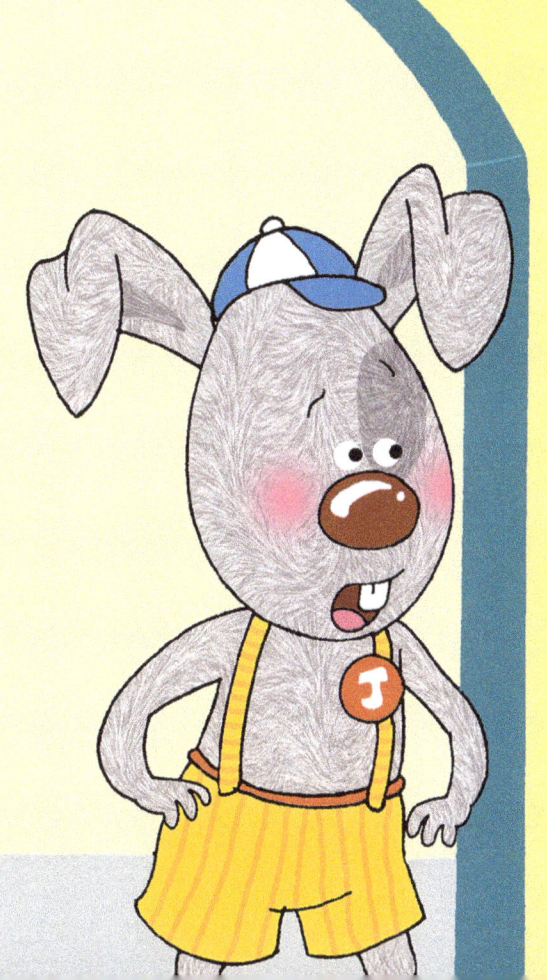

"I've finished," answered the oldest brother and ran out of the bathroom.

—Yo terminé —contestó el hermano mayor saliendo del baño.

"Me too," replied the middle brother. He ran after his brother to the kitchen.

—Yo también —respondió el hermano del medio, corriendo hacia la cocina tras su hermano.

"Mom, I finished brushing my teeth, too," shouted Jimmy. He was just about to leave the bathroom, when he heard a voice.

—Mamá, yo también terminé de cepillarme los dientes —gritó Jimmy. Y estaba a punto de salir del baño cuando oyó una voz.

"It's not nice to lie," the voice said. "You didn't brush your teeth."

—Está mal mentir —dijo la voz—. No te haz cepillado los dientes.

"Who said that?" asked Jimmy as he looked around in confusion.

—¿Quién dijo eso? —preguntó Jimmy, mirando a su alrededor confundido.

"Over here," was the reply.

—Aquí —respondió la voz—.

Frowning at him was his new orange toothbrush, standing on the counter. He just couldn't believe his eyes!

Parado sobre el mostrador, frunciéndole el ceño, estaba su nuevo cepillo de dientes naranja. ¡Jimmy no podía creer lo que estaba viendo!

"A toothbrush can't talk," he said in a stunned voice.

—*Un cepillo de dientes no puede hablar* —*dijo Jimmy con voz sorprendida.*

"I sure can. I'm a magical toothbrush," said the toothbrush proudly. "My job is to make sure EVERYONE brushes his teeth."

—Por supuesto que puedo. Soy un cepillo de dientes mágico —dijo el cepillo —. Mi trabajo es hacer que todo el mundo se cepille los dientes.

Jimmy laughed in response. "I didn't brush my teeth and nothing bad happened to me."

Jimmy soltó una carcajada.
—Yo no me lavé los dientes y no me pasó nada malo.

"Look at yourself," the brush said. "Your teeth are yellow and your breath smells terrible."

—*Mírate —dijo el cepillo—. Tus dientes están amarillos y tu aliento huele horriblemente mal.*

"That's not true, brush. You're just making it up!" Jimmy took the toothbrush and threw it far into the corner of the bathroom.

—*Eso no es cierto, cepillo. ¡Te lo estás inventando! —Jimmy cogió el cepillo de dientes y lo lanzó lejos, apuntando a la esquina del cuarto de baño.*

Then he ran into the kitchen to have his breakfast.

A continuación, corrió a la cocina para desayunar.

"That's no way to treat me," shouted the toothbrush. "I'm a magical toothbrush. I'll prove how important I am!"

—Esa no es manera de tratarme —dijo el cepillo—. Soy un cepillo de dientes mágico. ¡Te demostraré lo importante que soy!

By this time, Jimmy was already sitting down next to his brothers in the kitchen.

En este momento, Jimmy ya se había sentado en la mesa de la cocina junto a sus hermanos.

He took a sandwich and brought it to his mouth. But then the sandwich jumped out of Jimmy's hands right onto the plate of his oldest brother.

Había cogido un emparedado y se disponía a llevárselo a la boca. Pero, entonces, el emparedado saltó desde las manos de Jimmy al plato de su hermano mayor.

Instead of the sandwich, Jimmy had bitten his fingers — hard!

En lugar del emparedado, Jimmy se había mordido los dedos, ¡y lo había hecho con mucha fuerza!

"Who does this sandwich belong to?" the brother asked.

—¿De quién es este emparedado?—preguntó el hermano mayor.

"My sandwich ran away from me," answered Jimmy. "It's mine!"

—Mi emparedado se me escapó —respondió Jimmy—. ¡Es mío!

"Quite an imagination you have, sweetie. How can a sandwich run away?" his mother said.

—Tienes una gran imaginación, cariño. ¿Cómo puede escaparse un bocadillo? —preguntó su madre.

"I don't know how, but that's really what happened," said Jimmy.

—*No sé cómo, pero eso es lo que pasó* —*dijo Jimmy.*

Then, Mom gave him a big plate full of salad. "Here, perhaps you would like to eat a delicious vegetable salad instead," she said.

Entonces, mamá le dio un plato lleno de ensalada. —Mira, tal vez prefieras comer una deliciosa ensalada en lugar de eso —dijo la madre.

"Yummy, I love vegetable salad," said Jimmy, about to start eating. Suddenly, the salad plate leaped up and settled down on the table near his middle brother.

—Qué rico, me encanta la ensalada —dijo Jimmy, a punto de empezar a comer. De repente, el plato de ensalada saltó encima de la mesa y fue a parar junto a su hermano del medio.

"Look," said the middle brother, "how did your plate get over here?"

—Mira —dijo el hermano mediano—. ¿Cómo ha venido a parar aquí tu plato?

"You were right, honey! Your food is running away from you!" said their astonished mom. "That's strange."

—¡Tenías razón, cariño! ¡La comida huye de ti! —dijo su madre, asombrada—. ¡Esto es muy raro!

"Mom, I'm getting hungry already. What can I eat?" said Jimmy.

—Mamá, tengo hambre. ¿Qué puedo comer? —dijo Jimmy.

Mom thought for a moment. "How about your favorite carrot cake? I'll give you a big slice."

Mamá pensó por un momento.
—¿Qué tal tu pastel de zanahoria favorito? Te voy a dar una gran porción.

"Oh yes, carrot cake! I love it so much," Jimmy shouted happily, "Thanks, Mom."

—¡Oh!, ¡Sí, pastel de zanahoria! —gritó Jimmy con gran alegría—. ¡Gracias, mamá!

However, before Jimmy could take the cake, it began to float in the air.

Sin embargo, antes de que Jimmy pudiera comerse el pastel, éste empezó a flotar en el aire.

Jimmy started chasing the piece of cake.

Jimmy empezó a perseguir el pedazo de pastel.

He jumped on the sofa, but the cake zoomed back to the table.

Saltó sobre el sofá, pero la tarta regresó a la mesa.

Jimmy ran back to the table and then the cake flew out of the house. Jimmy rushed after it.

Jimmy volvió corriendo a la mesa y luego la tarta voló fuera de la casa. Jimmy corrió tras ella.

The cake looped around the house while Jimmy trailed behind it. Another round and another and another, and still Jimmy followed.

El pastel daba vueltas alrededor de la casa mientras Jimmy corría tras él. Otra vuelta y otra vuelta, y Jimmy seguía persiguiendo a su pastel.

Until he had run out of breath. Tired, Jimmy sat down at the entrance of the house and started crying.

Hasta que, por fin, se quedó sin aliento. Cansado, Jimmy se sentó en la entrada de la casa y empezó a llorar.

At the same moment, two of his friends were passing by.

En ese mismo momento, dos de sus amigos pasaban por delante de la casa.

"Hey, Jimmy," they greeted. "Why are you sitting here looking so sad? Come play with us."

—¡Hola Jimmy!—saludaron—, ¿Porqué te ves tan triste? ¡Ven a jugar con nosotros!

"Yes, I'd like that!" Jimmy ran towards them. "You won't believe what happened to me today!"

—¡Sí, me gustaría! —dijo Jimmy corriendo hacia ellos—. ¡No creerán lo que me ha pasado hoy!

But, as he opened his mouth, the friends shouted,

Pero, en cuanto abrió la boca, sus amigos dieron un paso atrás mientras le decían:

"Yikes, what a stink! We'll go play somewhere else while you go brush your teeth!" With that, they ran away.

—¡Ay, qué olor! Iremos a jugar a otro sitio mientras te cepillas los dientes—. Y salieron corriendo.

Bursting into tears yet again, Jimmy entered the house.

Estallando en llanto una vez más, Jimmy entró a su casa.

He went to the bathroom and saw the magical toothbrush flying in the air.

Se fue al baño y vio cómo el cepillo de dientes mágico estaba dando vueltas en el aire.

"Hello, Jimmy. I've been waiting for you. Do you want to brush your teeth now?" Jimmy nodded.

—¡Hola, Jimmy! Te he estado esperando. ¿Quieres cepillarte los dientes ahora? —Jimmy asintió con la cabeza.

Jimmy started brushing his teeth, from one side to the other, top and bottom, front and back.

Entonces, Jimmy comenzó a cepillarse los dientes, de un lado a otro, de arriba a abajo, de delante hacia atrás.

He brushed his teeth until they became white and shiny.

Se cepilló los dientes hasta que quedaron blancos y brillantes.

Gazing proudly at his reflection in the mirror, Jimmy said, "Thank you, brush. It was even nice and pleasant to brush my teeth. I now have sweet-smelling breath too."

Contemplando con orgullo su reflejo en el espejo, Jimmy dijo:
—¡Gracias, cepillo! Cepillarme los dientes ha sido incluso agradable y divertido.

"You look great," said the brush. "By the way, my name is Leah. I'm always here to help."

—¡Se te ve bien! —dijo el cepillo—. Por cierto, me llamo Leah y estaré siempre aquí para ayudarte.

That's how Jimmy and Leah became good friends.
Así fue como Jimmy y Leah se hicieron grandes amigos.

Ever since that day, they've seen each other twice a day to protect Jimmy's teeth and help them grow strong and healthy.

Desde ese día, se ven dos veces al día para proteger los dientes de Jimmy, ayudándoles a que crezcan fuertes y sanos.

It was a sunny Saturday morning in a faraway forest. Three bunny brothers had just woken up when their Mom entered the room.

Era una mañana soleada de domingo en un bosque lejano. Tres hermanos conejitos acababan de despertarse cuando su madre entró en la habitación.

"Good morning, boys," Mom said. "I heard you moving around in here."

—¡Buenos días, chicos! —dijo la madre—. Os he oído moveros por aquí.

"Mom, today is Saturday, we can sleep as late as we want," said the oldest brother with a smile.

—Mami, pero no tenemos por qué levantarnos —dijo el hermano mayor. —Hoy es domingo, podemos dormir todo lo que queramos.

"You can stay in your beds for a while," Mom said, "but I'll have to leave. I need to visit your Granny today. You'll stay with Daddy until I come back."

—Podéis quedaros en la cama un rato más, —dijo mamá tras calmarse— pero yo tengo que salir. Necesito visitar a vuestra abuelita hoy y tendréis que quedaros con vuestro padre hasta que yo vuelva.

"When you get out of your beds and brush your teeth, you'll have your breakfast," Mom added.

—*Cuando os levantéis de la cama, cepillaros los dientes y tomad el desayuno* —añadió mamá.

"After that, you can read books or play with your toys," Mom continued. "Or, you can go outside and ride your bicycles."

—*Después de eso, podéis leer algún libro o jugar con vuestros juguetes* —dijo la madre—. *O, pueden salir y montar sus bicicletas.*

"Hooray!" The bunny brothers started to jump on their beds happily.

—*¡Qué bien! Los hermanos conejitos comenzaron a saltar en sus camas mostrando su felicidad.*

"But..." said Mom, "you are responsible for cleaning your room."

—*Pero... -continuó mamá- ustedes son responsables de limpiar vuestra habitación.*

"When I come back, I want to see this house clean and organized, exactly as it is now. Can you do this?"

—Cuando yo vuelva, quiero ver esta casa limpia y ordenada, tal y como está ahora. ¿Podréis hacerlo?

"Sure, Mom," answered the oldest brother proudly. "We are big enough and we can be responsible."

—¡Claro mamá! —respondió el hermano mayor orgullosamente. Ahora somos mayores y podemos ser responsables.

After they brushed their teeth, Dad served a delicious breakfast and an even more delicious dessert. Then the fun began!

Después de lavarse los dientes, papá les sirvió un delicioso desayuno y luego un postre aún más delicioso. ¡Y comenzó la diversión!

The bunnies started by putting together their puzzle. Then they continued to their wooden building blocks. Next they played together with the rail trail before turning on the train.

Los conejitos comenzaron a armar un rompecabezas. Continuaron con los bloques de madera para la construcción y luego jugaron juntos a construir la vía del tren antes de ponerlo en marcha.

"This railway train is my favorite," said Jimmy as he flipped the on switch. The train shook the track as it moved.

—Esta vía del tren es mi favorita —dijo Jimmy mientras encendía el botón—. El tren hizo vibrar la vía al moverse.

"This is the best present I've got on my last birthday."

—Es el mejor regalo que recibí en mi último cumpleaños.

After playing inside for hours, the bunnies grew bored.
Después de jugar durante horas dentro de la casa, los conejitos se aburrieron.

"Let's go play outside!" said the middle brother, looking out the window.
—¡Vamos a jugar fuera! —dijo el hermano mediano mirando por la ventana.

"Yeah! But we need to clean up here first," said the older brother.
—¡Sí!, pero necesitamos limpiar esto antes —dijo el hermano mayor.

"Oh, we have enough time before Mom comes back," answered Jimmy, "we can clean up later." The older brothers agreed and they all went out.
—¡Bah!, tenemos mucho tiempo antes de que mami regrese —respondió Jimmy—. Podemos limpiar después. Los hermanos mayores estuvieron de acuerdo y salieron a jugar.

Outside, three bunny brothers enjoyed the sunny weather. Finally they decided to play basketball.

Fuera de la casa, los tres hermanos conejitos disfrutaron el clima soleado. Finalmente, decidieron jugar al baloncesto.

"We'll need our basketball," said older brother. "But I don't remember where we put it."

—Necesitaremos la pelota de baloncesto -dijo el hermano mayor—. Pero no recuerdo dónde la hemos puesto.

"I think it's under my bed," added Jimmy. "I'll go check." With that, he ran inside the house, hoping to find the ball.

—Creo que está debajo de mi cama —agregó Jimmy—. Voy a buscarla —dijo Jimmy mientras corría hacia la casa, esperando encontrar la pelota.

When he opened the door to their room he was very surprised. The floor was covered with puzzle pieces, building blocks, cars and other toys.

Cuando abrió la puerta de su habitación se sorprendió. El suelo estaba cubierto con piezas de rompecabezas, bloques de construcción, coches y otros juguetes.

"Who made all this mess?" he exclaimed as he walked forward carefully, trying not to step on anything.

—¿Quién ha hecho este desorden? — exclamó y comenzó a caminar con mucho cuidado, tratando de no pisar nada.

Eventually, he stumbled and lost his balance. He was trying to stay upright, but instead fell directly on his favorite train.

De pronto, se tropezó y perdió el equilibrio. Intentó mantenerse en pie pero no pudo y cayó directamente sobre su tren favorito.

"Ouch!" he screamed, watching the train's wheels flying in different directions. "Noooo, my favorite train!" Jimmy burst into tears.

—¡Ay! —gritó mientras veía las ruedas del tren volando en diferentes direcciones—. ¡Noooo, mi tren favorito! Jimmy estalló en lágrimas.

"Are you alright, honey?" Dad appeared in the door.

—¿Estás bien cariño? —papá apareció en la puerta—.

"I'm OK. But my train..." cried Jimmy, pointing to the train's broken wheels.

—Estoy bien, pero mi tren..., —lloró Jimmy, señalando hacia las ruedas rotas del tren.

"I can't even see the train," said Dad. "And what exactly happened in this room?"

—Ni siquiera puedo ver el tren —dijo papá—. ¿Y qué ha pasado exactamente en esta habitación?

"Jimmy, why's it taking you so long?" asked the other brothers as they ran into the house.

—Jimmy, ¿por qué tardas tanto? —preguntaron los otros hermanos cuando entraron corriendo a la casa.

"My train broke!" Jimmy couldn't stop crying.

—¡Mi tren se ha roto! —Jimmy no paraba de llorar.

"Don't cry, Jimmy," said the oldest brother. "We'll think of something. Dad?"

—No llores Jimmy —le dijo el hermano mayor—. Ya pensaremos en algo, ¿papá?

"I'll check if I can fix it," answered Dad. "But you need to clean up in here. Bring me the train and the wheels after you find them," he said leaving the room.

—Checaré si puedo arreglarlo —contestó papá—. Pero necesitáis limpiar todo esto. Traed el tren y las ruedas cuando las encontréis. Y con esas palabras papá salió de la habitación.

"We need to hurry, before Mom comes back," said the oldest brother.
—Necesitamos darnos prisa, antes de que mamá vuelva —dijo el hermano mayor—.

"Oh, cleaning up is boring," said Jimmy.
—¡Ay!, limpiar es aburrido —dijo Jimmy.

"Let's play a cleaning-up game then," exclaimed his older brother.
—¡Vamos a jugar al juego de limpiar entonces! —exclamó el hermano mayor—.

Jimmy became excited. "The storm is coming soon!" he shouted. "We need to help all the toys get back to their houses."
Jimmy se emocionó.
—¡La tormenta se acerca! —gritó—. Necesitamos ayudar a todos los juguetes a volver a sus casas.

"We're superheroes," yelled the middle brother. He picked up toys from the floor and put each one in its proper place.

—*¡Somos superhéroes!* —*gritó el hermano mediano, mientras recogían los juguetes del suelo y los colocaban cada uno en su sitio*—.

Playing and enjoying, the brothers organized and cleaned everything.

Los hermanos ordenaron y limpiaron todo, mientras jugaban y disfrutaban con el juego.

"All wheels are here," exclaimed Jimmy, running to his father with the broken train in his hands.

—¡Todas las ruedas están aquí! —exclamó Jimmy, corriendo hacia su padre con el tren roto y las ruedas en sus manos.

"Here, I found the basketball!" screamed the middle brother with excitement.

—¡Encontré la pelota de baloncesto! —gritó el hermano mediano con entusiasmo.

"Put it in its box and...we are finished," said the oldest brother happily.

—Ponla en su caja y....habremos terminado —dijo el hermano mayor lleno de felicidad—.

"It was really fun," said the middle brother, sitting down on his bed, "but it took us a whole hour. It was too much mess."

—¡Fue realmente divertido! —exclamó el hermano mediano sentándose en su cama—. ¡Pero nos llevó toda una hora! Había mucho desorden.

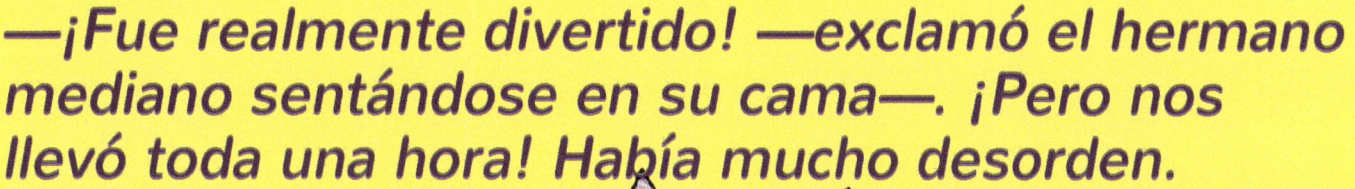

"No!" yelled Jimmy as he entered the room. "Don't sit there!"
"What? Why?!" asked the middle brother, jumping off the bed.

—¡No! —gritó Jimmy entrando en la habitación—. ¡No te sientes ahí!
—¿Qué?, ¿por qué? —preguntó su hermano mediano, saltando de la cama.

"You just made your bed. If you sit on it now, you'd have to make it again," explained Jimmy.

—Porque la acabas de hacer. Si te sientas ahí ahora, tendrás que hacerla de nuevo —explicó Jimmy.

"Maybe we could read a book now," suggested the older brother, approaching the bookshelf.

—Quizás podríamos leer un libro ahora —dijo el hermano mayor, acercándose a la estantería.

"Don't touch those books," shouted Jimmy. "I organized them all by color!"

—No toques esos libros —gritó Jimmy—. ¡Los he ordenado por colores!

"Sorry," said the oldest brother. "But what will we do? We can't play with anything."

—¡Perdón! —dijo el hermano mayor—. Pero entonces, ¿qué hacemos? No podemos jugar con nada.

They thought for a while and then the oldest brother shouted: "I have an idea!"

Pensaron durante un rato y, entonces, el hermano mayor gritó:
—¡Tengo una idea!

"What if we clean up after each game?" he suggested. "Then it won't take so much time to put toys away."

—¡Qué tal si limpiamos después de cada juego? —sugirió—. Así no tardaremos tanto tiempo en poner los juguetes en su sitio.

"Let's try," said Jimmy happily.

—Probemos —dijo Jimmy muy contento.

First, the oldest brother read a beautiful book with pop-up pictures to his younger brothers. When they finished reading, he put it back on the shelf.

Primero, el hermano mayor leyó a sus dos hermanos pequeños un maravilloso libro con imágenes animadas. Cuando terminaron de leerlo, lo colocaron de nuevo en la estantería.

Next, they built a large tower out of their colorful blocks. When they were done, they put the blocks back into the box — and the room stayed clean!

Luego, construyeron una gran torre con sus bloques de colores. Cuando terminaron, pusieron los bloques en su caja, y... ¡la habitación seguía limpia!

At that moment, Mom and Dad knocked on the door.
En ese momento, mamá y papá llamaron a la puerta.

"I missed you so much," said Mom, "but I see you managed to keep your room clean. I'm so proud of you."
—¡Os he echado mucho de menos! —dijo mamá—. Pero veo que os habéis organizado para mantener la habitación limpia. Estoy muy orgullosa de vosotros.

"And here's your train, Jimmy," said Dad, handing him the toy. The wheels were fixed and Jimmy smiled widely.
—¡Y aquí está tu tren, Jimmy! —dijo papá dándole el juguete—. Las ruedas estaban arregladas y Jimmy sonrió.

"Who wants to try cookies that Granny made for you?" asked Mom.
—¿Quién quiere probar las galletas que la abuelita ha hecho para vosotros? —preguntó mamá.

"Me!" shouted the bunny brothers and their Dad.
—¡Yo! —gritaron los hermanos y también papá.

"But we'll eat them in the kitchen, not in this clean room," said Jimmy very seriously. "Right, Mom?"
—Pero vamos a comerlas en la cocina, no en esta habitación limpia —dijo Jimmy muy serio—. ¿Verdad mamá?

The whole family started laughing loudly and went to the kitchen to eat cookies.

La familia entera comenzó a reír a carcajadas. Después, se dirigieron a la cocina a comer las galletas.

Since that day, the brothers loved to keep their room clean and organized. They played with all their toys but when they finished, they put everything back in its place.

Desde ese día, a los hermanos les gusta mantener su habitación limpia y ordenada. Juegan con todos sus juguetes pero cuando terminan, colocan todo de nuevo en su sitio.

It never took them long to clean up their room again.

Y nunca tardan mucho tiempo en volver a dejar limpia su habitación.

www.ingramcontent.com/pod-product-compliance
Lightning Source LLC
Chambersburg PA
CBHW061127070526
44584CB00033B/4249